아이보리 춤추다

구제근 시집

아이보리 춤추다

● 시인의 말

　KT에서 퇴직한 뒤 축산업에 몸담으며 자연과 더 가까워졌습니다.
　어느 봄날, 바람에 흔들리는 참나무의 어린 순을 바라보다가 문득 깨달았습니다. 인간이나 식물이나 역경을 겪으며 성장한다는 사실을 말이지요.
　새순이 바람에 흔들리는 모습을 보며 쓴 시 〈새순〉, 산자락을 감싸는 원목의 아름다움을 보며 적은 시 〈무지개〉, 그렇게 자연이 들려주는 이야기를 따라 시를 쓰기 시작했습니다.
　하나의 작품을 완성할 때마다 느낀 기쁨은 말로 다 표현하기 어렵습니다.
　아내와 가족들의 칭찬이 더해져 시에 대한 애정도 점점 깊어졌고, 생각날 때마다 메모장에 기록하며 작은 시집을 준비할 수 있었습니다.
　현재는 성모병원 장례식장에서 근무하며, 삶과 죽음이 교차하는 자리에서 더 깊은 감정과 깨달음을 시 속에 담고 있습니다.

　첫 시집을 세상에 내놓으며 기쁨보다 두려움이 더 큽니다. 아직 부족하고 서툰 글이지만, 앞으로 더 좋은 글로 보답하겠습니다.
　끝으로, 제 시집의 작품해설을 위해 정성과 시간을 아끼지 않으신 박해미 선생님께 진심으로 감사의 마음을 전합니다. 선생님의 세심하고 따뜻한 시선 덕분에 제 시가 한층 더 빛을 품게 되었습니다.

2025년 구월 초가을에
구제근 드림

차례

● 시인의 말 · 8

1부 _ 구름 속 보름달

가로등	18
가을이 익어간다	19
거미집	20
고통 받는 현대인	21
꽃	22
꽃향기	23
구름	24
구름 속 보름달	25
구름여행	26
구읍 명소길	27
나뭇가지	28
낙엽	29
보청천, 그 물길 따라	30
노란 꽃	32

● 작품해설/ 인생을 물들이는 일흔의 시심 _ 박해미 · 115

2부 _ 뜸부기 둥지

눈 ················· 34
달빛 사랑 ············· 35
대나무 ··············· 36
돌람산 보름달 ········· 37
동갑네 ··············· 38
동행 ················· 39
들녘 ················· 40
뜸부기 둥지 ··········· 41
막걸리 ··············· 42
말티재 ··············· 43
모래밭 약속 ··········· 44
무지개 ··············· 45
물레방아 ············· 46
발자욱 ··············· 47

차례

3부 _ 별이 되리

밤송이 ······ 50
버들가지 ······ 51
벚꽃 ······ 52
뻐꾸기 ······ 53
별님 ······ 54
별이 되리 ······ 55
백목련 ······ 56
봄바람 ······ 57
백세고지 ······ 58
보청천 ······ 60
봄꽃 ······ 62
산 ······ 63
산들바람 ······ 64

4부 _ 옥천에 살고 싶어라

상춘정 ·················· 66
새순 ····················· 67
새해 소원 ············· 68
소나무 ·················· 69
손짓 ····················· 70
솔향 ····················· 71
아이보리 춤추다 ··· 72
아버지 지게 ········· 74
아침이슬 ·············· 75
아카시아 꽃 ········· 76
야생화 ·················· 77
어머님 ·················· 78
옥천에 살고 싶어라 ··· 79

차례

5부 _ 장찬리

옥천역 ·················· 86
용죽의 봄 ················ 87
용호리 길 ················ 88
외딴집 ··················· 89
울타리 ··················· 90
은행잎 ··················· 91
이별의 아픔 ············· 92
외로운 행복 ············· 93
인연 ····················· 94
작은 연못 ················ 95
잘 나가던 대한민국 ······ 96
장찬리 ··················· 97
정자 그늘 ················ 98

구제근 시집 | 아이보리 춤추다

6부 _ 청산의 자랑

조령골·················· 100
지는 해 ················ 101
지용제·················· 102
천둥소리················ 103
철없는 눈 ·············· 104
청산의 자랑 ············ 105
코스모스················ 106
할미꽃·················· 107
풍물팀·················· 108
향수 운동장 ············ 110
해바라기················ 111
해님은 휴가 중 ········ 112
현충원·················· 113
남녘 파도 ·············· 114

아이보리 춤추다 15

가로등
가을이 익어간다
거미집
고통 받는 현대인
꽃
꽃향기
구름
구름 속 보름달
구름여행
구읍 명소길
나뭇가지
낙엽
보청천, 그 물길 따라
노란 꽃

1부

구름 속 보름달

가로등

시골길
홀로 선 가로등 하나
기나긴 밤
고요히 어둠을 밝히네

여름이면
날벌레 날아와
작은 친구 되어 주고
겨울이면
하얀 눈 내려
말 없는 벗 되어주니

비록 혼자 서 있어도
외롭지 않구나
등대처럼
늘 한 자리에 빛을 밝히는
행복한 가로등

가을이 익어간다

작은 야산
가을빛에 하루하루
조용히 물들어간다
붉고 노란 잎새들
속삭이듯 계절을 전하고

아파트 베란다 한켠
감나무 가지마다
주렁주렁 열매 맺힌 형제들
가을 햇살 속에서
함께 익어간다

창밖을 물들이는 단풍
은은한 향기 되어 스며들고
자연에 마음을 빼앗긴 채
감도, 빛도
조용히 익어가는
가을이 머문다

거미집

하얀 실선
주춧돌 삼아
가늘게 기둥을 세우고
조심스레
그물을 펼친다

고요한 숨결로
먹이 날아오길
말없이 기다리며

바람결 따라
외줄타기하듯
흔들리는
섬세한 실선
조용히 숨 쉬는
거미집 하나

고통 받는 현대인

발 없고 날개 없는
코로나
이 나라 저 나라
온 세상 누비며
쉴 새 없는
코로나 19

언제나 멈출까
기약도 없고
야속한 코로나
애간장 녹이네

인간도 죽고
경제도 죽어간다

추위에도 살고
더위에 번성하고
알 수 없는
야속한 존재 코로나

꽃

눈길이 머문다
볼수록 예쁘다
발길이 멈춘다
마음이 멈춘다

꽃향기

꽃 사랑 가족인 양
정원 가득
진자리 마른자리 정성으로

아침저녁 안부 묻고
속삭임 세월
어언 반평생 내 몸의 반쪽

꽃향 담 넘어
골목으로 시내로 가득하니
행인 발걸음 눈길 사로잡아

행복한 벗이자 친구
꽃구경 차 한 잔
향기 넘치는 부사동 집

구름

뭉게구름 새털구름 먹구름
흘러 흘러
어디로 가나
내 님 찾아가겠지

더위에 지친
내 님에게
그늘 만들어
주러 가지

가뭄에 목 타는
곡식 찾아 단비 주려
내 님 마음
달래러 가지

찬바람에
개구쟁이 망아지
뛰어놀게
흰 눈 내리러
내 님에게 가지

구름 속 보름달

서산 너머
정월 대보름달
수줍은 듯
활짝 웃지 못한 채
천천히 저물어 간다

초승부터
정성껏 키워온 보름달
이윽고 떠오르려다
끝내 웃지 못하고
숨어버리니
그 수줍음이 애틋하기만 하다

쟁반처럼 둥근 달
기다리고 또 기다렸건만
구름은 심술부리듯
그 얼굴 감추네

구름여행

구름가족 줄지어
어디로 가는가
유적지 찾아
소풍 가지

아가구름
엄마 손 잡고
형아구름 홀로 가고
아빠구름 앞서가며

가뭄 든 곳 비 뿌려주고
더위에 지친 곳
그늘 주며
흘러흘러 어디로 가나

삼천리 방방곡곡
유적지 찾아
흘러흘러
가족여행 가지

구읍 명소길

연꽃바람 반가워
일렁일렁
인사 건네고

지용문학관 시 감상하니
향수에 젖어
실개천 둘러보고

삼정승 명당 옛집
육영수 생가
한 바퀴 돌아

전통문화체험관
보고 익히고 즐기는 나들이
구읍 명소길

나뭇가지

앞산에 나뭇가지
새 순 내어
푸른 잎새
봄날 알리고

신록이 짙어져 그늘 만들어
여름 맞으니
매미 울음소리 귓전 울리네

단풍 짙게 물들고 보니
헤어지게 될 앞날
찬바람에 조바심 나고

앙상한 나뭇가지
쓸쓸히
흰 눈 맞으며
나이테 커져 가네

낙엽

한 잎 한 잎
엎치락뒤치락
내려온다
울긋불긋
꽃단풍

찬 서리
서러워 이별하고
이산가족 되어
내려온다

영원하지 않더라
잠시
머물다
낙엽이 진다

보청천, 그 물길 따라

파름산 깊은 품에
석탄 검은 숨결 감추고
월명 광산의 불빛은
산골의 밤을 낮으로 물들였네

산업혁명의 거친 바람
국가의 미래를 앞당기고
검은 광부의 손등 위에
새시대의 희망이 번져가던 날들

독립투사 김씨의 숨결 서린 땅
정재수 효도의 마을
예곡의 열녀와 충신을 기리는
작은 각의 바람결은 아직도 살아있다

보청천 물길을 따라
개간한 들판마다 풍년이 들고
부자 마을의 웃음소리
배고품을 몰아내던 그 시절

그러나 도시의 불빛이
젊은 발걸음을 불러내고
예곡학교 교정엔
아이들의 웃음이 멎어버렸네

폐교가 된 모교 자리엔
이제 자연염색 물감 냄새 퍼지고
시끌벅적한 손길 속에서도
고향의 시간은 조용히 흐른다

노란 꽃

창문 너머 노란 꽃
산 끝자락
비스듬히
활짝 피었네
성모 장례식장 야산에

상주님 문상객
꽃을 보네
어머님 아버님
노란 꽃길 따라
천당길 가시라고
배웅하네

슬픔도 잠시 멈추고
아픔도 내려놓고
하늘나라에서
꽃처럼 사시라고

유가족의 기도요 희망이요
부디 화사한 꽃 보며
마음 편히
먼 길 떠나세요

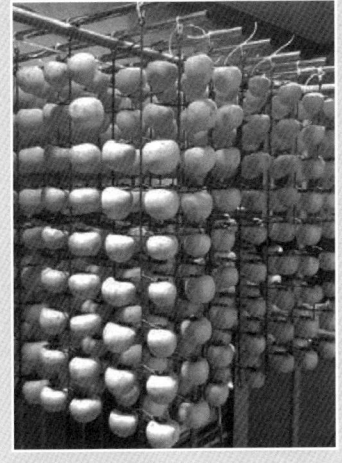

2부

뜸부기 둥지

눈
달빛 사랑
대나무
돌람산 보름달
동갑네
동행
들녘
뜸부기 둥지
막걸리
말티재
모래밭 약속
무지개
물레방아
발자욱

눈

잠든 고요한 밤
선녀님
구름 타고 내려와

하얀 가루 선물 주셨네
강아지 모르게
꼬끼오 닭 모르게

구름 타고 살며시
선물 주고 가셨네

강아지 좋아 뛰고
아이들 좋아해서
눈사람 만드니
우리 가족 늘었네

달빛 사랑

고요한 가을밤
서쪽 새
홀로 외로워 울고

시냇물
숨죽여 흐르는
조약돌 자갈밭 풋사랑

설익은 달빛 아래
달콤한 첫사랑
조용한 밤 깊어만 가네

대나무

층층층
마디마디
간격도 크기도 자로 잰 양

사시사철 푸르름
바람에 흔들려도
다시 찾는
곧은 본심 대나무

하늘 찌르는 용맹
빗살무늬 잎새
참새 떼 놀려주는
심술쟁이 의자

돌람산 보름달

이른 새벽
돌람산 기지국
살며시 내려앉아

행복 한아름 안겨주며
등대인 양 밝히고
옥천 야경 둘러보다

향수에 젖어
쉬어가는
돌람산 보름달

동갑네

굽이굽이
인생 고개
한 고개 한 고개 넘어
뒤돌아보니
팔십 고개 넘었네

스무 고개 넘어가면
정상이라
백세 고지
친구네들
손잡고 함께 가세

춘자는 배 띄워
제남 광섭 비룡 고기 잡아
월순 옥자
밥하고 반찬하게

굽이굽이 인생 고개
정상 고지 백세 고지
같이 가세
정상까지
우리는 시골 동갑네

동행

달 보고 별 보며
북두칠성 찾는 우리
태평양 건너
대서양 넘어
손잡고 가 보자
세계를 향하여
남녀노소
한 세월
함께 사는 우리
같이 가세
함께 하세
저 멀리까지
서로 마주보며
서로 웃으며
하늘 끝 지구 끝까지
멀리 멀리
같이 동행하세
세계는 하나
우리는 하나

들녘

산은 곱게 물들어
들녘은 황금들판

농부는 환한 웃음 짓고
들녘 하늘은 높아만 지네

이산 저산
물감 뿌린 양
색동옷 갈아입은
산천초목

허수아비 비스듬히 서
빙그레 웃으며
덩실덩실 춤추고

참새 떼 짹짹 박수치며
황금물결에
술래잡이 즐기는

참새 떼와
허수아비 가족

뜸부기 둥지

다랭이 논두렁 따라
울려 퍼지던
뜸북새 소리
이젠 들을 수 없고

뻐꾹새 울음도
자취를 감춘
고요한 고향 마을

세월을 흘러
뜸부기 둥지 틀던 그 자리에
이제는
아파트 단지가 들어서고

아침이면
비둘기 울음소리만
낯익은 듯
잠을 깨운다

막걸리

정겨운
막걸리

멸치 안주
김치 한 조각
안주 벗 삼아

형님 아우
오순도순
마주보며
따르는 술

하루 피로 녹여 내리고

한잔 술
정겨운 웃음소리에
우정 깊어지네

말티재

지그재그 갈지자
비스듬히 팔자길

속리산 명산 옛길 찾아
연인끼리 나들이

전망대 올라
맑은 공기 한 아름 마시니

꼬부랑길
한눈에
그림인 양 펼쳐지네

모래밭 약속

두 여인
깊은 밤 해변에
새긴 약속

새긴 글귀
파도에 씻겨 사라지고
흔적마저 없어지니

우리 약속은 허공이던가
하루도 못가는
허무한 모래밭 새긴 약속

무지개

소리 없이 왔다 사라지는
반달인 양 둥근 무지개
이 능선 저 능선 이어주네

칠공주인 듯
멋진 자태 살며시 보여줘도
잡을 수도 만질 수도 없어라

가교인가 철교인가
홀로 설계하고 홀로 사라지는
무지개는 마술인가

소낙비와 반짝 해님의 만남
마술에 흔적 자연의 순리
칠공주의 예술이여

물레방아

지나는 행인 반겨주는
물레방아
소나무 연산홍
그늘 아래 벗 삼아 돌아주네

목마른 비둘기
물 한 모금 대접하고
다정히 속삭이는
물레방아

유치원 귀염둥이
꼬마 손님
반가워 도는
물레방아

오시는 분 반가워서
가시는 분 잘 가라고
꾸벅꾸벅
인사하는
우리 동네
물레방아

발자욱

하얀 밤 지새니
고양이
눈 구경 자욱 남기고

고라니 외곽 순찰
듬성듬성
자욱 남겨

잠자던 순돌이
멍멍 짖던
우리 집 초병

하얀 밤 지새고
휴식에 빠진
우리 순돌이

밤송이
버들가지
벚꽃
뻐꾸기
별님
별이 되리
백목련
봄바람
백세고지
보청천
봄꽃
산
산들바람

3부

별이 되리

밤송이

더위 장마 이겨내고
간간이 시원한
가을바람 불어주면

고슴도치 닮은
밤송이

가시옷 갑옷 사이로
살며시
답답함 달래려
실눈 살짝 뜨니

나 홀로 외톨 알밤
의좋은 형제 알밤
용감한 삼형제 알밤

송이송이 밤송이
환하게 웃고 있네

버들가지

바람은
골짜기 얼음 녹이고
버들가지 살찌우니

흰털 옷 입은
다복이 형제
가득 매달려

흔들흔들
그네 뛰는
시냇가 버들가지

종달새 알 품고
짝지어 나는
평화로운 강 언덕 나루터

벚꽃

따스한 봄
꽃망울 터지는 소리에
깜짝 놀라
환한 웃음 지으니

내 몸 눈꽃 핀 겨울인 듯
백옥 꽃단장하고
흥겨워 춤추는
가로수길 주인공

뻐꾸기

이른 아침
뻐꾹뻐꾹
고요한
새벽 아침 잠 깨우다

새벽 알림 종소리인가
이산 저산 날아
아침잠 깨우는
기상소리인가

산골마을
정겨운 소리
새벽 향수 젖어드네

별님

하늘의 별
누구 기다리기에
반짝반짝
신호 보낼까

별님
오늘밤
나하고 숨바꼭질하나 봐

별이 되리

자식 가족 품
이별하고
하늘에 작은 별 되리

하늘나라 높은 곳
반짝 반짝 빛나는
별이 되어

밤하늘에 고향산천
내 가족 비추는 별 되리

서러워 마라
슬퍼 마라

인연은 잠시
영혼은 영원하니

먼 훗날 별이 되어
저 하늘에서
우리 다시 만나리라

백목련

가지 끝자락
하얀 새 날개 펴고
하늘 보며

따스한 바람에
춤추다 보니

멋도 재롱도 잠시
한 잎 한 잎 떨어지는
아쉬운 목련

봄바람

연녹색 어린 새순
차디찬
매서운 봄바람 불어
어찌할 줄 모르는
어린 새순
움츠려도 숨을 곳 없고
바람에 흔들리는 나약한 새순
피할 곳 기댈 곳 없는
내 운명
나약하고 연약한
연녹색 새순
흔들리며 살아가야 하나
시집 온
새색시인 양 수줍어
세월 흐르면
강인한
모성애 되리

백세고지

굽이굽이
인생고개
넘다 보니
구순 고개 넘었네

이제
열 고개 넘어가면
정상이라
백세고지

여보
젊어 자식 키울 때
배고픔 달래며 고생으로
살아왔으니

병원 다니며
건강검진 받고
오래 오래
우리 자식 보며

백세고지 정상까지
인생은 백세야
우리 부부
함께 크게 외쳐 보세

보청천

속리산 굽이굽이
숨 가쁘게
휘돌다가

칠보단장 천년 탑
십리 방천길 다다르면
생선국수 내음에
마음 머문다

벚꽃 길 십리
강물 속은 유리알
꽃 대궐 황금어장

물속 우뚝 선 외로운 섬
상춘정
홀로 외로워 더 장하다

개나리 버들가지
너울너울
춤추는 강

맑은 물
옥토 가로질러 쉬어가며
천년 만년
유유히 흘러가리

봄꽃

추운 겨울 움츠리다
잠 깨어

세상 꽃소식 전하려
고개 내민 새싹

이리 보고 저리 보고
잎 피우고 꽃 피워
눈길 사로잡는 봄꽃

산

하늘 아래 이산 저산
겨울잠 자고 나니
연녹색 옷 선물 받고

우리네 앞산
따가운 여름 햇살 피하려
짙은 녹색 옷
한 벌 바꾸어 입고 나니

알밤 굴밤 풍년들어
동동주 한잔
나누어 마셨는가
온산 붉게 물드나 했더니

찬 서리에
흰 꽃 핀 나뭇가지
긴 겨울 알려 오네

산들바람

아지랑이 피어오르고
남쪽 꽃 소식 들려오니

시골 아낙네 나물 캐고
강남 갔던 제비 돌아와

꽃다지 양달에 숨어 춤추며
봄소식 알리네

4부 옥천에 살고 싶어라

상춘정
새순
새해 소원
소나무
손짓
솔향
아이보리 춤추다
아버지 지게
아침이슬
아카시아 꽃
야생화
어머님
옥천에 살고 싶어라

상춘정

긴긴 세월
기와 모자 꾸욱 눌러 쓰고
보청천 칠보단장
초병으로

안개 속 외로운 섬
등대 되어
굽이굽이
청산 뜰 보듬다

사시사철
옷 바꾸어 입고
변하는 섬

밤하늘
강물에 비친 달빛
속삭임도 다정한
상춘정

새순

연녹색 어린 새순
차디찬
매서운 봄바람 불어
어찌 할 줄 모르네

움츠려도 숨을 곳 없고
바람에 흔들리는
나약한 몸

피할 곳 기댈 곳 없는
내 운명
나약하고 연약한
연녹색 새순

시집 온
새색시인 양 수줍어

바람 자고
세월 흐르면
강인한
가지 되리

새해 소원

꿈도 희망도 부푼
새해 아침
산으로 바다로
해맞이

부푼 꿈
빌어 보네
나의 꿈
가족의 건강

한해
나의 소원
온 국민의 소원
인류의 소원을 함께 빌어 보네

소나무

사시사철
푸르름 자랑하는
철갑 입은
노송
한평생 청춘이로다

젊음이 좋아
푸르름이 좋아
일편단심
바늘 잎새
푸른 노송

겨울 찬바람
솔솔 불어와도
추위도 두렵지 않은
소나무

손짓

꼬부랑 할머니
하늘나라
긴 여행 가시니

골짜기 밭 갈대
일렁일렁
바람에 춤추고

둥근 잔디 집 지붕 위에
외로운
갈대

홀로 계신
영감님 보고파
손짓하네

솔향

도심 속
집안 가득
솔향 창문 넘어드니

까치 찾아 소식 오고
집비둘기 꾸욱꾸욱
참새 떼 숨바꼭질 즐겨

겨울 날
눈 쌓이니
소나무집

자연에 묻혀 숨 쉬는
행복하며 다복한
소나무 정원 집

아이보리 춤추다

바람에
휘청휘청
흔들린다
살랑이는
아이보리 빛
밤나무 꽃

두리둥실
뭉게구름처럼
올록볼록 피어나
고요히 춤을 추네

향기를 찾아온 꿀벌도
바람에 놀라
살짝 날아가고

그 사이
너울너울
두리둥실
서로 손잡고

꽃잎은 춤을 추네

바람 따라 흥겹게 흔들리는
유월의 밤꽃
진한 향기 속에
고요한 밤이 물든다

아버지 지게

나무지게
따스한 온돌방
추위 녹여 주시고

아버지 풀지게
송아지 키워 논밭 사서
배고픔 잊게 하시고

쟁기 지고
소 몰고 밭 일궈
농사지으신 지게만이

농기계 선구자요
삶에 선구자
아버지 유일한 지게

아침이슬

어둔 밤 지새고
새벽 풀잎 이슬

옹기종기 모여
지난 밤 이야기 주고받는
방울방울

속삭임도 조마조마
다정한 이슬

해님 윙크에
내일 약속인 양
사라지는 이슬방울

아카시아 꽃

신록이 무르익는 계절
잎새에 살짝 숨은 꽃

꿀벌의 곳간
향기로운 향
꿀단지 주렁이 꽃

포도송이인 양
고개 숙인 꽃

바람 솔솔 불어와
꽃향기
오월 꽃 내음
향기 찾아 모여드는
꿀벌

오월에
그윽한 꽃향기

야생화

잡초 속 꽃 빛나고
벌 나비 덕에
열매 맺어
바람 타고 향기 알려

비바람 역경
이겨내고
철 따라 피는 야생화는
자연 선물

밟히고 꺾여도
홀로 피고 지는
야생화

어머님

하늘나라
긴 여행 가신 어머니
다시 못 오실 어머니

하늘나라 멀어서
못 오시나요
외출 외박도 없나요

하늘에 별이 되신 어머니
밤하늘 보며
사랑하는 어머님 불러봅니다

별 보며
옛 이야기 나누어요
그리워요 울 엄마

옥천에 살고 싶어라

이른 아침
옥천역 내려
첫 발 내딛는 고요한 시간

용암사에 이르니
염불소리, 목탁소리
고즈넉한 바람 따라 퍼지고
두 손 모아 소원 하나 속삭인다

운무대
안개 너머 해가 떠오르니
그 장관에 마음마저 환해지고

이원 묘목시장엔
팔도에서 모인 사람들
과일나무, 꽃나무
오가는 말들에
시골장터 정이 묻어난다

물길 따라 걸으니

유채꽃 두리둥실
강바람에 춤을 추며
용죽 여울목
노란 물결로 반겨주고

은빛 흐르는 금강 따라
상·하행 고속도로
유유히 지나며
궁촌재 전망대에 서니
청산, 청성, 보청천
한눈에 담긴다

문바위 동학 흔적
역사를 따라 걸으며
천년의 숨결 느껴 보고
청산 청년탑
돌아가는 물레방아에
세월도 빙글빙글 돈다

시장통 생선국수 거리

김이 모락모락 국수 한 그릇
마주튀김 한 접시
소맥 한잔에
허기도 마음도 따뜻해진다

십리 벚꽃길 지나
우뚝 선 바위섬엔
상춘정이 고요히 반겨주고

안남 둔주봉에 올라서니
한반도 닮은 지형
남북의 그리움
가슴에 조용히 내려앉는다

장계 관광지 감싸안은
대청댐의 품
넉넉하고 포근하여라

구읍 벚꽃길 터널을 지나
실개천 따라 걷노라면

꿈엔들 잊힐리야
정지용 생가
문학관이 문을 열고
'향수' 한 구절 가슴속에 스민다

삼정승 고택의 기와지붕
웅장한 자태로 서 있고
육영수 여사 생가
명당 터에 깊은 숨결 느껴진다

향수 호숫길 따라 걷다
황새 터에서 기념사진 한 장
그리고 다시
옥천읍 품에 안기니

백년 세월 지켜온
옥천성당 종탑
하늘 아래 우뚝 서서
우리의 길을 감싸 안는다

발길을 재촉해 추소리 들르기 전
이지당 거쳐 부소담악 오르니
길게 흘러내린 바위길
석양빛에 물들어
한 폭의 풍경화 되어 간다

대청호 수면 위로
해는 천천히 내려앉고 그 순간
명소 중 명소라 부를 이유가 충분하다

해 저문 저녁
장령산 휴양림 계곡 따라
맑은 물소리 들려오고
금천골 산새소리 벗 삼아
계곡물에 발 담그고
한 잔 술에 목 축이니

옥천에서의 이 하룻밤
묵고 보니 옥천에 살고 싶어라

옥천역
용죽의 봄
용호리 길
외딴집
울타리
은행잎
이별의 아픔
외로운 행복
인연
작은 연못
잘 나가던 대한민국
장찬리
정자 그늘

5부

장찬리

옥천역

한적한 시골역
시 한 수

발걸음 멈추는
정지용 시인의 고장
그곳이 차마 꿈엔들 잊힐리야

향수 마음에 새기고
사진 담아 본다
문학의 광장 옥천역

용죽의 봄

금강 줄기 여울목 강변
잔잔한 바람에
살랑살랑 춤추며
미소 지으니

나비 날고
꿀벌
유혹하는
멋쟁이 꽃

날 보러 와요
꽃길을 걸어요
가슴으로
가득히 느끼는 봄날

사랑하는
가족과 함께
연인과 함께
유채꽃 향기에 흠뻑 젖어 봐요

용호리 길

산길 모퉁이
굽이굽이 돌고 돌아
보이는 곳
한결같은 대청호

물에 잠긴 야산
향수에 젖고
잔잔한 호수
발길 멈추게 하네

저녁노을
비친 호수
빛의 광란인가
평화로운 호수에
용솟음인가

용호리
산길 따라 가노라면
호수에 잠긴
작은 야산

외딴집

산속
오고가는 인적 없는
고요한
오막살이 외딴집

풀벌레 소리 벗 삼아
야생동물 울음소리
밤잠 깨우고
호롱불 빛만 희미하네

귀뚜라미 소리
벗 삼아
외롭지 않은
노부부 외딴집

울타리

초가집
오막살이 지키려고
밤낮 쉴 새 없이 서있네

서있기 힘들어도
깊어 가는
가을 낮
따가운 햇살
박 덩굴 줄기
그늘에 더위 식히며

추위도 더위도
아랑곳없이
눈비 맞으며
한결같이

초가집 지키며
강아지와 속삭이는
싸리나무
우리 집
담장 울타리

은행잎

늦가을
차디찬 찬서리

서러움 견디다 못해
이산가족 되어

노란 셔츠 훌훌 벗고
황금물결로
우수수 내린다

더위에 정자 그늘
황금잎
흘러 내린다

은행잎 밟는 행인
황금빛
웃음 짓네

이별의 아픔

봄바람
아지랑이 아롱아롱
피어오르면

새순 꽃 피워
바람에 흥겨워 춤추고
멋내다 보니

꽃잎 떨어지는
이별 아픔 이겨내고
슬픔에 잠겨도 보았건만

깊어가는 가을
씨앗 맺고 나니
찬 서리 바람에 고개 숙이네

외로운 행복

이른 아침 일어나니
텅 빈 집
방문은 다 열려 빈방

큰아들 눈 오는 겨울
지희 만나
새 살림 꾸려 나가고

작은아들 아카시아 꽃향기
효선이 만나
신혼여행 떠나니

마나님 덩달아
제주도 여행 가고
나 홀로 외로운 행복

인연

인연으로 살아온 나날
삶의 미련 남겨둔 채
하늘나라 승천길 먼저 가니

아쉬움에 찾아준
지인 문상객
슬픔 잠시 접어 두고

뒷산으로 눈 돌려봐요
찬서리에 칡덩굴 잎새 처지듯
정 남기고 가니

인생 즐기며 행복하게
오래 오래 사시다
먼 훗날 하늘에서 만나요

이 몸은 천국 길 먼저 가
다리 놓고 등불 밝혀
님 편히 오시게 하리오

작은 연못

조그마한 연못
가뭄의 양식 곳간
농부의 마음에 풍년

붕어 미꾸라지 어장
간간이 날아드는
오리 떼 수영장

겨울 한 철 동네 꼬마들
스케이트 연습장
어릴 적 추억에 젖어

봄 여름 가을
작은 연못
강태공의 낚시 어장

잘 나가던 대한민국

잘 나가던 대한민국
코로나 19 암초 만나
거리두기 재난문자 웬말인가

죽음 앞둔 부모 형제 요양병원
면회 금지 언제나 만나볼까
저승길이 보이는데

부모 자식 생이별
일상사 바꾼 코로나
마스크 쓰며 거리두기

내 생에 처음
막막한 현실
부모 형제 보고파

장찬리

그리움 스며든 산골
구름조차 쉬어가는
해맑은 산자락 아래

달빛에 물든
은빛 푸른 물결
잔잔히 일렁이는
작은 호수 하나

오목하게 펼쳐진 능선 따라
정겨움이 흐르고
인정 가득한
장찬골이 품을 내민다

장령산 골바람도
물 좋고 산 좋아
잠시 머무는
고래마을, 장찬리

정자 그늘

오는 이
가는 이
소리 없이 반겨주는
정자 그늘

걷다 지친 자
더위에 허덕이는 자
소낙비에 젖은
행인에게
부담없는 공간

잠시 휴식처요
오늘도 쉬어가는
정자 그늘

간간이 바람 불어주면
숙박비 없이
단잠 청할 수 있는
정자 그늘

6부

청산의 자랑

조령골
지는 해
지용제
천둥소리
철없는 눈
청산의 자랑
코스모스
할미꽃
풍물팀
향수 운동장
해바라기
해님은 휴가 중
현충원
남녘 파도

조령골

유원지
수상스키
띠뚱이 오리배

병풍 같은
짙은 산자락
쉬어 가는 휴게소

만남의 장소
도리뱅뱅 매운탕
다시 찾고 싶은
금강 유원지

흐르는 금강 줄기
인연 맺은
조령골

지는 해

해 지네 해 넘어가네
서산에 해 넘어가네
오늘도 하루가 가는구나

달력 넘어간다
달력 넘어간다
한 달이 가는구나

달력이 바뀌는구나
새 달력이 나왔구나
새해가 밝아지는구나

지용제

자그마한 실개천 옆
태어나 자란 곳
그곳이 꿈엔들 잊힐 리야

글 쓰며 공부하던 초가삼간
후대 양성의 견학지
옥천의 자랑
유산 되었네

모교 죽향 학교에서
지용 백일장 열리니
시끌벅적 축제 한마당

시 문학 즐겨 쓰는
자랑스런 후대
즐기며 글 쓰는
날로 기억되길

천둥소리

별도 달도 없는
컴컴한 밤
천둥소리 번갯불

우르르 쾅쾅
번쩍 번쩍

무덥고 컴컴한 야밤
소낙비 내리려나
가로등만
어둠 밝혀주네

번갯불 어둠 속
번쩍번쩍
우루루 쾅쾅
천둥소리

산천초목도 놀라
바람소리마저
생생 불어온다

철없는 눈

봄날
철모르는 눈 내려
솔잎은 솜사탕인 양 눈꽃

바람에 움츠려 흔들리다
해님 살며시 반겨주니
성난 불만의 화살 하늘로

추위에 움츠린 솔가지
한없이 눈물만
철철 흐느껴 우는 소나무

청산의 자랑

푸른 산 맑은 물 굽이굽이
보청천엔 들도 좋아
노들강변 칠보단장
청산에 살으리

물레방아에 천년탑
동학혁명 문바위
생기마을 향교
오일장터 독립운동

동요작가 정순철 님의
엄마 앞에 짝짜꿍
빛나는 졸업식 노래
유서 깊은 청산의 자랑

십리방천 생선국수
상춘정 벚꽃 길 십리
길이길이 함께 하리
축제거리 청산의 자랑

코스모스

코스모스 한들한들
오후 바람에
잠자리 날고

꽃잎에
살짝 앉으니
무거워
고개 숙인
코스모스

잠자리 놀라 날으니
코스모스
살며시
웃음 짓네

할미꽃

뒷동산
먼 남쪽 하늘 보며
긴 잠드신 우리 할머니

둥근 잔디 집
지붕 위

진빨간 솜털 꽃피어
바람에
손녀인 양 재롱부리다

고개 숙인
수줍은 꽃

풍물팀

덩쿵 덩쿵 덩따다 덩쿵
징~~~~
풍악을 울려라
풍물팀 나가신다

액운은 물러가고
달빛이 훤하게
우리네
가정 비추어다오

나가신다 나가신다
우리 풍물팀 나가신다
덩실덩실 춤추고
흥겹게 놀아보세

할아버지 할머니도
흥겨워서
덩실덩실
춤추고 박수치니

하나 되는 대한민국
풍물팀이 앞서간다

우리나라 팔도강산
파이팅하세

향수 운동장

달도 별도 없는
고요한 밤하늘
시원한 바람 불어와
나뭇잎 파도 타고

가을바람에
남은 밤송이마저
떨어지니

깃발 삼형제
바람에 둥실
춤추는 밤하늘

가로등 불빛 아래
삼삼오오 짝지어
거니는 밤
향수 운동장

해바라기

햇님 그리워
고개 못 드는
키다리

노란 잎새 울타리
담장 치고

오순도순
익어가는
둥근 씨받이 꽃

해님은 휴가 중

그제도
어제도 오늘도
그칠지 모르고
홍수 피해만
삼천리 팔도강산
울려 퍼지네

잠기고
쓰러지고 무너지고
사망에 실종소리
태양은 휴가 마치고
언제나 올까

해님을 본 지가 언제던가
까마득하기만 하여라

삼복더위는
어디로 가고
먹구름만
오락가락 춤추니
구름은 가고 해님이여 오라

현충원

높고 검푸른 갑하산 아래
애국 청춘 용사
이름 석자 묘비 빛나

조국 위해 바친 숭고한 정신
잊지 않으리
역사는 기억하리

땅 바다 하늘
살아서 겨레의 꽃
죽어서 국민의 별

오와 열 군인정신
선후배 전우 사랑
대전 현충원 영면하시네

남녘 파도

저 멀리 파도
넘실넘실 밀려온다
물보라 되어 온다

밀려오는 파도는
꽃소식

철썩철썩 파도 속에
소식 가져오네
파도는 남쪽 나라
봄소식

저 멀리 지평선 파도
꽃향기 가득 품고
내게로 오네

| 작품해설 |

인생을 물들이는 일흔의 시심詩心
— 구제근 시집 《아이보리 춤추다》의 시세계

박 해 미
(시인, 지구문학작가회의 이사)

　시심은 동심이고 동심은 시심이라 했다. 모든 사물과 자연을 어린아이의 눈높이로 보면 모든 것이 시처럼 순수하고 아이처럼 깨끗하다는 뜻이리라.
　이 시집 《아이보리 춤추다》의 저자 구제근은 충북 옥천군 청산면 예곡리에서 태어났다. 그곳을 방문해 본 사람이라면 누구나 느낄 수 있을 것 같다. 어린 시절을 그렇게 아름답고 깨끗한 고향에서 보낸 사람이라면 누구나 시인이 될 수 있는 자질을 타고 날 것 같은 느낌 말이다.
　그리고 보면 우린 거의 모두가 어린 시절을 그런 곳에서 보낸 사람들일 수도 있다. 그럼에도 누군가는 가난하고 힘들었던 시절이라 그냥 잊고 살거나, 또 누군가는 그 자연의 혜택을 평생 가슴에 담고 그림으로 그리거나 사진으로 남기

거나 시로 쓰면서 자기 나름대로 표현하고 싶어 하기도 할 것이다. 구제근 시인은 어린 시절의 정서와 추억을 사랑으로 보듬고 뜨거운 가슴으로 오랜 세월을 습작하면서 혼자 시를 쓰고 있었다.

구제근 시인의 시에 대한 열정이 가상하고 기특하여 계간 『지구문학』 신인상에 응모하도록 안내하여 당선함으로써 문단에 등단하였는데, 습작시절부터 써 모은 시편들을 수정 보완하여 첫시집을 엮게 되었다. 그 처음은 미비하지만 앞으로 한없이 성장해 가는 모습을 보기 위해 아낌없는 찬사와 박수를 보내고 싶을 뿐이다.

구제근 시인의 시편을 보면 그가 태어나고 자란 고향과 현재 거주하고 있는 지역에 대한 무한한 사랑이 종소리처럼 멀리 퍼져 우리나라에 대한 사랑과 인류애까지 머금고 있음을 느낄 수 있게 한다. 또한 그의 작품에는 삶과 죽음에 대한 철학적 깊이가 숨어 있다. 젊은 시절에는 전화국에 근무하면서 옥천 구석구석을 발로 뛰어다녔으니 그보다 더 우리 지역을 잘 아는 사람도 드물 것 같다.

그런 경험이 그의 작품에 고스란히 묻어 있고 전화국을 퇴직한 후에는 옥천성모병원의 장례식장에 근무하면서 수없이 많은 죽음과 이별을 경험했으니 그 또한 시적 소재를 찾는 데 큰 영향을 미쳤다고 보여진다.

그래서 그의 작품에는 죽음과 이별에 대한 소재가 많고

그가 가슴으로 느낄 수 있는 정서를 모두 시적인 감각으로 표현하기에는 아직 부족하지만, 그가 품고 있는 뜨거운 정열은 앞으로 얼마나 더 깊은 애정으로 시를 쓰게 될지 기대를 갖게 한다.

시골길
홀로 선 가로등 하나
기나긴 밤
고요히 어둠을 밝히네

여름이면
날벌레 날아와
작은 친구 되어 주고
겨울이면
하얀 눈 내려
말 없는 벗 되어주니

비록 혼자 서 있어도
외롭지 않구나
등대처럼
늘 한 자리에 빛을 밝히는
행복한 가로등

— 〈가로등〉 전문

수없이 많은 시인들이 가로등을 소재로 사용해 왔다. 구제근 시인이 처음으로 끄적거려 본 시라고 소개를 한 이 작품은 아직 설익은 풋과일 같은 느낌이지만, 가로등을 의인화하고 형상화하면서 자신의 감정을 이입한 것에는 초보작으로는 깔끔하고 깨끗하게 정리되어 그가 얼마나 자연 친화적인지를 알게 한다. 혼자 서 있는 가로등에게 친구를 찾아주면서 외롭고 고독한 가로등을 행복한 등대 같은 이미지로 형상화한 모습에서 시인의 착한 심성을 엿볼 수 있는 작품이기도 하다.

작은 야산
가을빛에 하루하루
조용히 물들어간다
붉고 노란 잎새들
속삭이듯 계절을 전하고

아파트 베란다 한켠
감나무 가지마다
주렁주렁 열매 맺힌 형제들
가을 햇살 속에서
함께 익어간다

창밖을 물들이는 단풍

은은한 향기 되어 스며들고
자연에 마음을 빼앗긴 채
감도, 빛도
조용히 익어가는
가을이 머문다
- 〈가을이 익어간다〉 전문

　시인은 항상 자연과 동화되어 자연의 일부가 되어 살아간다. 조용히 익어가는 감빛과 낙엽과 가을 햇살마저도 가슴으로 느끼고 표현하는 자세가 초보 시인에게는 꼭 필요한 조건일 수 있다. 그의 시적 소재가 항상 주변에 널려 있음을 보여주는 작품이다. 소재가 많은 시인의 시는 하루가 다르게 깊어지고 누구보다 더 빨리 익어갈 것이다. 그에게서 머지않아 가을빛보다 더 화려하게 다시 태어날 시들을 기다리게 하는 작품이다.

하얀 실선
주춧돌 삼아
가늘게 기둥을 세우고
조심스레
그물을 펼친다

고요한 숨결로

먹이 날아오길
말없이 기다리며

바람결 따라
외줄타기하듯
흔들리는
섬세한 실선
조용히 숨 쉬는
거미집 하나

- 〈거미집〉 전문

이 작품을 통해 그의 시심이 동심으로부터 나온다는 확신이 생겼다. 웬만한 어른들은 거미집을 보면 그냥 걷어내기 바쁠 것이다. 그러나 그는 거미 한 마리가 실선을 품어 기둥을 만들고 집을 만들어 가는 모습을 눈여겨보면서 관찰하고 있었다. 거미의 고요한 숨결과 바람결까지도 시인을 동심으로 빠져 버리게 만들고 그런 순수한 이미지로 이런 시를 써내는 것을 보면 좋은 스승이나 문우를 만나 함께 공부하면서 시적 자질을 끄집어 낼 수만 있다면 앞으로 더 큰 시인으로 거듭날 수 있는 가능성이 보인다.

서산 너머
정월 대보름달

수줍은 듯
활짝 웃지 못한 채
천천히 저물어 간다

초승부터
정성껏 키워온 보름달
이윽고 떠오르려다
끝내 웃지 못하고
숨어버리니
그 수줍음이 애틋하기만 하다

쟁반처럼 둥근 달
기다리고 또 기다렸건만
구름은 심술부리듯
그 얼굴 감추네

- 〈구름 속 보름달〉 전문

 구름 속에 가려진 보름달이 초승달부터 서서히 키워 왔던 그 수고로움마저도 시인에게는 가슴으로 느낄 수 있는 세월의 깊이로 느껴지고 있다. 순수한 영혼을 가진 사람이 아니면 절대 느낄 수 없는 정서다. 구름에 가려진 보름달이 그림 같은 이미지로 떠오르게 하는 한 편의 동화처럼 느껴진다.

다랭이 논두렁 따라
울려 퍼지던
뜸북새 소리
이젠 들을 수 없고

뻐꾹새 울음도
자취를 감춘
고요한 고향 마을

세월을 흘러
뜸부기 둥지 틀던 그 자리에
이제는
아파트 단지가 들어서고

아침이면
비둘기 울음소리만
낯익은 듯
잠을 깨운다

– 〈뜸부기 둥지〉 전문

   구제근 시인은 평소에 현대사회를 살면서 어릴 적에 느꼈던 자연에 대한 그리움에 젖어 있는 듯하다. 어린 시절 자주 들었던 뜸부기나 뻐꾸기 소리를 주변에서 듣기 어렵다고 아쉬워하면서 이렇게 한 편의 시구라도 남겨놓고 싶었다고 한다. 요즘 같은 콘크리트 아파트 숲에서 자라는 아이들의 정서를 걱정하는 일도 시인의 몫이란 것을 그는 잘 알고 있는 듯하다. 그래서 그의 시는 초등학생부터 나이 많은 어른까지 모두가 편히 읽을 수 있는 영역에 있다.

바람에
휘청휘청
흔들린다
살랑이는
아이보리 빛
밤나무 꽃

두리둥실
뭉게구름처럼
올록볼록 피어나
고요히 춤을 추네

향기를 찾아온 꿀벌도
바람에 놀라
살짝 날아가고

그 사이

너울너울
두리둥실
서로 손잡고
꽃잎은 춤을 추네

바람 따라 흥겹게 흔들리는
유월의 밤꽃
진한 향기 속에
고요한 밤이 물든다

- 〈아이보리 춤추다〉 전문

 바람에 흔들리는 유월의 밤꽃을 시인은 '아이보리가 춤춘다' 라고 표현했다. 그 제목만 들어도 마치 바람에 섞인 진한 밤꽃 향기가 느껴지고, 밤나무 그늘 아래에서 새참을 먹던 동네 어른들도 생각난다.
 이 시 또한 동시적인 정서가 깊다. 구제근 시인의 동심이 시심으로 자라고 있는 과정에서 나온 순수한 대표작으로 첫 시집의 제목으로 선정될 만한 작품이다.

이른 아침
옥천역 내려
첫 발 내딛는 고요한 시간

용암사에 이르니
염불소리, 목탁소리
고즈넉한 바람 따라 퍼지고
두 손 모아 소원 하나 속삭인다

운무대
안개 너머 해가 떠오르니
그 장관에 마음마저 환해지고

이원 묘목시장엔
팔도에서 모인 사람들
과일나무, 꽃나무
오가는 말들에
시골장터 정이 묻어난다

…(중략)…

은빛 흐르는 금강 따라
상·하행 고속도로
유유히 지나며
궁촌재 전망대에 서니
청산, 청성, 보청천
한눈에 담긴다

문바위 동학 흔적
역사를 따라 걸으며
천년의 숨결 느껴 보고
청산 청년탑
돌아가는 물레방아에
세월도 빙글빙글 돈다

…(중략)…

십리 벚꽃길 지나
우뚝 선 바위섬엔
상춘정이 고요히 반겨주고

안남 둔주봉에 올라서니
한반도 닮은 지형
남북의 그리움
가슴에 조용히 내려앉는다

장계 관광지 감싸안은
대청댐의 품
넉넉하고 포근하여라

구읍 벚꽃길 터널을 지나

실개천 따라 걷노라면
꿈엔들 잊힐리야
정지용 생가
문학관이 문을 열고
'향수' 한 구절 가슴속에 스민다

…(중략)…

그리고 다시
옥천읍 품에 안기니

백년 세월 지켜온
옥천성당 종탑
하늘 아래 우뚝 서서
우리의 길을 감싸 안는다

발길을 재촉해 추소리 들르기 전
이지당 거쳐 부소담악 오르니
길게 흘러내린 바위길
석양빛에 물들어
한 폭의 풍경화 되어 간다

대청호 수면 위로

해는 천천히 내려앉고 그 순간
명소 중 명소라 부를 이유가 충분하다

해 저문 저녁
장령산 휴양림 계곡 따라
맑은 물소리 들려오고
금천골 산새소리 벗 삼아
계곡물에 발 담그고
한 잔 술에 목 축이니

옥천에서의 이 하룻밤
묵고 보니 옥천에 살고 싶어라

— 〈옥천에 살고 싶어라〉 중에서

   이 시는 시인의 작품 중 가장 길고 가장 의미가 깊은 작품이다. 젊은 시절, 전화국에 근무하면서 온통 옥천 구석구석을 발로 뛰어다닌 경험이 있었기에 이런 시가 나올 수 있었다. 옥천에서 태어나고 옥천에서 평생 살아도 이 시인처럼 이렇게 옥천을 평면도처럼 시로 나열하기는 쉽지 않은 일이다. 옥천을 처음 여행 오신 분들도 이 시에 나오는 지명을 따라가다 보면 옥천의 절경을 모두 보고 갈 수 있을 것이며 옥천의 순수하고 아름다운 사람들의 마음도 느낄 수 있으리라. 이 시에는 하루 이틀 정도 옥천에 묵으면서 여유롭게 제

대로 옥천을 즐기고, 더 많은 여행객들이 옥천을 찾아주기를 바라는 마음이 간절하다. 시인의 고향에 대한 애정이 돋보이는 작품이지만, 조금 산만한 느낌과 함께 직설적인 표현보다는 은유와 비유를 통해 좀 더 품격있는 작품으로 승화할 수 있는 노력이 필요하다고 본다. 그럼에도 이 작품에는 긴 호흡으로 그의 영혼을 갈아 넣은 정성이 돋보인다.

그리움 스며든 산골
구름조차 쉬어가는
해맑은 산자락 아래

달빛에 물든
은빛 푸른 물결
잔잔히 일렁이는
작은 호수 하나

오목하게 펼쳐진 능선 따라
정겨움이 흐르고
인정 가득한
장찬골이 품을 내민다

장령산 골바람도
물 좋고 산 좋아

잠시 머무는
고래마을, 장찬리
　　　- 〈장찬리〉 전문

　옥천군 이원면에 가면 장찬리라는 작은 마을이 있고 그 마을 앞에는 커다란 장찬저수지가 있다. 그 저수지 모양이 하늘에서 보면 마치 고래처럼 생겼다 하여 고래마을이라고 부르기도 한다. 우리가 어릴 적엔 자동차도 다닐 수 없는 시골이라 십리가 넘는 중·고등학교를 걸어다녀야 하던 시절도 있었다. 그러나 지금은 저수지를 중심으로 주변에 둘레길도 생기고 드라이브 코스로도 최적인 장소가 되어 있는 옥천의 명물이다.
　구름조차 쉬어가고 달빛에 물든 푸른 물결과 정겨움이 흐르는 인정 가득한 장찬리를 시인의 눈과 마음으로 서정이 흐르는 그림처럼 표현했다.

　칠순을 두 해 남기고 첫걸음을 뗀 소년의 설레는 시심을 훔쳐보는 내내 나름 즐겁고 행복했다. 작은 동심원을 그려놓고 수줍어하는 소년 같은 어른의 모습, 한 가정을 지켜낸 가장으로 남편으로 아버지로 살아온 구제근 시인의 모든 것이 이 한 권의 시집 안에 고스란히 들어 있다.
　시는 한편 한편마다 시인의 오랜 고뇌와 함께 수없이 다듬고 수정하면서 더 큰 세상을 담아내려는 노력이 필요하다. 2011년 2월 13일에 타계하신 진을주 선생님께서 하신 말씀이다. '솔직하지 않거나 고뇌하지 않은 시는 시가 아니다' 라고 항상 강조하신 기억이 난다.

그런 의미에서 구제근 시인은 초보자로서 이 한 권에 솔직 담백하게 자기를 다 드러내놓고 정성을 다했으니, 이미 활자화 되어 세상에 내놓은 시에 대한 후회가 없기를 바라고, 앞으로 그가 남길 또 다른 시편들을 통해 그만의 철학과 정서로 가득한 족적을 기대하면서 평론을 마칠까 한다.

아이보리 춤추다

지은이 / 구제근
발행인 / 김영란
발행처 / **한누리미디어**
디자인 / 지선숙

08303, 서울시 구로구 구로중앙로18길 40, 2층(구로동)
전화 / (02)379-4514
Fax / (02)379-4516
E-mail/hannury2003@daum.net

신고번호 / 제 25100-2016-000025호
신고연월일 / 2016. 4. 11
등록일 / 1993. 11. 4

초판발행일 / 2025년 9월 20일

ⓒ 2025 구제근 Printed in KOREA

값 12,000원

※잘못된 책은 바꿔드립니다.
※저자와의 협약으로 인지는 생략합니다.
※이 시집은 옥천군 문화진흥기금에서 일부 지원받았습니다.

ISBN 978-89-7969-903-6 03810